D1274541

J Sp 613.608 Don
Donahue, Jill L.
Di no.y vete

WITHDRAWN

$25.99
ocn698451432
02/01/2012

Di no y vete
Say NO and GO

por/by Jill Urban Donahue ilustrado por/illustrated by Bob Masheris

Trusted Adults/
Adultos de confianza:

Grandma/Abuela
Grandpa/Abuelo
Uncle Sam/ Tío Sal
Mrs. Jensen/Sra. Jensen
Pastor Paul

Un agradecimiento especial a nuestros asesores por su experiencia/
Special thanks to our advisers for their expertise:

Sandi Schnorenberg, Subdirectora Asociada, Seguridad Pública de Mankato (Minnesota)/
Associate Deputy Director, Mankato (Minnesota) Public Safety

Terry Flaherty, PhD, Profesor de Inglés/Professor of English
Universidad del Estado de Minnesota, Mankato/Minnesota State University, Mankato

PICTURE WINDOW BOOKS
a capstone imprint

Editor: Jill Kalz
Translation Services: Strictly Spanish
Designer: Abbey Fitzgerald
Bilingual Book Designer: Eric Manske
Production Specialist: Sarah Bennett
Art Director: Nathan Gassman
Associate Managing Editor: Christianne Jones
The illustrations in this book were created digitally.

Picture Window Books
151 Good Counsel Drive
P.O. Box 669
Mankato, MN 56002-0669
877-845-8392
www.capstonepub.com

Copyright © 2012 by Picture Window Books, a Capstone imprint.
All rights reserved. No part of this book may be reproduced
without written permission from the publisher. The publisher
takes no responsibility for the use of any of the materials or
methods described in this book, nor for the products thereof.

All books published by Picture Window Books
are manufactured with paper containing at least
10 percent post-consumer waste.

Library of Congress Cataloging-in-Publication Data
Donahue, Jill L. (Jill Lynn), 1967-
  [Say no and go. Spanish & English]
  Di no y vete / por Jill Urban Donahue ; ilustrado por Bob
Masheris = Say no and go / by Jill Urban Donahue ; illustrated
by Bob Masheris.
    p. cm. (Picture Window bilingüe, bilingual)
(Cómo mantenernos seguros = How To Be Safe)
  Includes index.
  Summary: "Provides information on the rules of stranger
safety—in both English and Spanish"—Provided by publisher.
  ISBN 978-1-4048-6884-7 (library binding)
  1. Children and strangers—Juvenile literature.
2. Kidnapping—Prevention—Juvenile literature. 3. Safety
education—Juvenile literature. I. Masheris, Bob. II. Title. III.
Title: Say no and go. IV. Series.
HQ784.S8D66 2012
613.6083–dc22   2011001336

Printed in the United States of America in North Mankato, Minnesota.
032011   006110CGF11

A stranger is anyone you don't know. Most people are good and kind. But some people aren't. You can't tell for sure just by looking at someone. If you follow a few simple rules about strangers, you'll stay safe!

Un extraño es alguien a quien no conoces. La mayoría de la gente es buena y amable. Pero algunas personas no lo son. Tú no puedes saberlo con sólo mirar a la persona. Si sigues unas pocas reglas sencillas, ¡permanecerás seguro!

Rani's mom and dad are packed and ready to go. They are going to the hospital to have a baby. The doorbell rings. Rani lets her dad answer the door.

La mamá y el papá de Rani empacaron y están listos para salir. Ellos se van al hospital para tener un nuevo bebé. El timbre suena. Rani deja que su papá abra la puerta.

Safety Tip

Never open the door by yourself, even if you think you know who it is. Let an adult answer the door.

Consejo de seguridad

Nunca abras la puerta tú solo, aún si te parece que sabes quién es. Deja que un adulto abra la puerta.

Grandma stays with Rani. She is on the trusted adults list Rani's parents made. It is OK for Rani to stay with trusted adults. It is OK to ride in their cars and to accept things from them.

Trusted Adults/
Adultos de confianza:

Grandma/Abuela
Grandpa/Abuelo
Uncle Sal / Tío Sal
Mrs. Jensen/Sra. Jensen
Pastor Paul

Abuela se queda con Rani. Ella está en la lista de adultos de confianza que los papás de Rani hicieron. Está bien que Rani se quede con adultos de confianza. Está bien que se suba a sus automóviles y acepte cosas de ellos.

Safety Tip

Ask your parents to give you a list of five trusted adults. Study the list so you know who is on it.

Consejo de seguridad

Pide a tus papás que te den una lista con cinco adultos de confianza. Estudia la lista para saber quién está en ella.

Some people are not strangers, but they're not on Rani's list, either. These are people Rani "kind of" knows. If they want to give Rani a treat or take her someplace, she must ask her parents first.

8

Algunas personas no son extraños, pero tampoco están en la lista de Rani. Éstas son personas que Rani conoce "un poco". Si ellos quieren darle a Rani un regalo o llevarla a alguna parte, ella debe pedir permiso antes a sus papás.

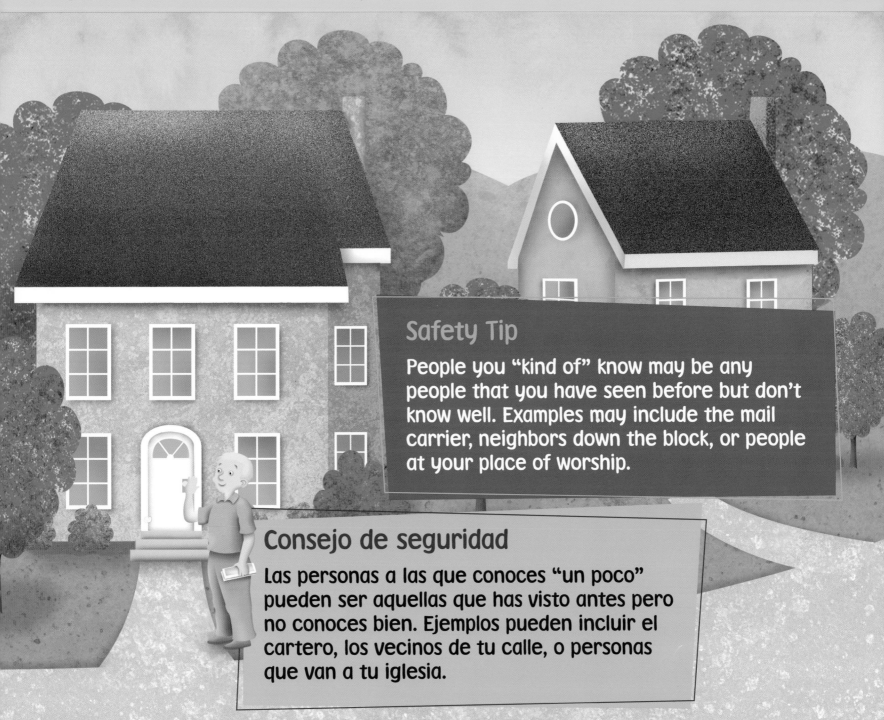

Safety Tip

People you "kind of" know may be any people that you have seen before but don't know well. Examples may include the mail carrier, neighbors down the block, or people at your place of worship.

Consejo de seguridad

Las personas a las que conoces "un poco" pueden ser aquellas que has visto antes pero no conoces bien. Ejemplos pueden incluir el cartero, los vecinos de tu calle, o personas que van a tu iglesia.

Grandma talks to Rani about stranger safety. She quizzes Rani about her address. Then Grandma quizzes her about her telephone number.

Abuela habla con Rani acerca de la seguridad con los extraños. Ella le pregunta a Rani su dirección. Luego, Abuela le pregunta su número de teléfono.

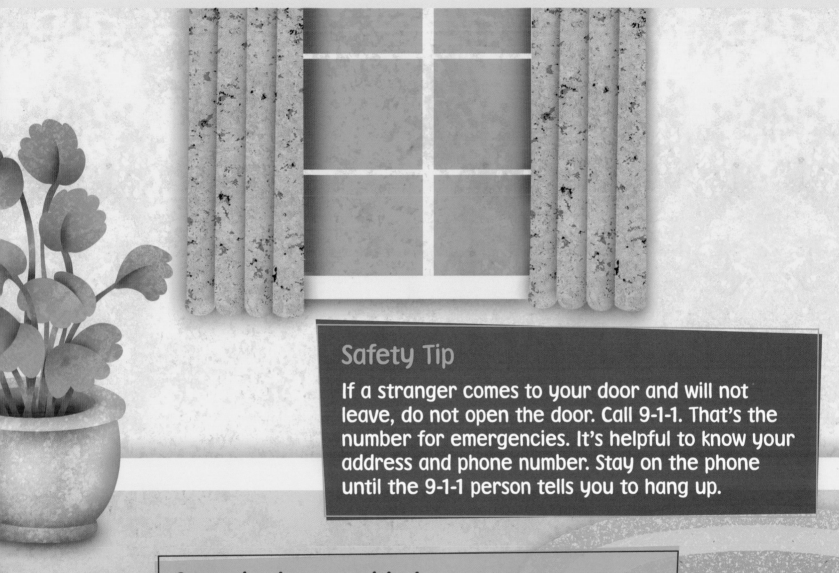

Safety Tip

If a stranger comes to your door and will not leave, do not open the door. Call 9-1-1. That's the number for emergencies. It's helpful to know your address and phone number. Stay on the phone until the 9-1-1 person tells you to hang up.

Consejo de seguridad

Si un extraño viene a tu puerta y no se va, no abras la puerta. Llama al 9-1-1. Ése es el número para emergencias. Es muy útil saber tu dirección y tu número de teléfono. Permanece en el teléfono hasta que la persona de 9-1-1 te dice que cuelgues.

Rani doesn't give her address or phone number to strangers on the Internet. She doesn't give her information to strangers on the phone or in person, either.

Rani no le da su dirección y número de teléfono a extraños en Internet. Ella tampoco da su información a extraños en el teléfono o en persona.

13

The phone rings. Rani lets Grandma answer it. Rani's dad
has good news. Rani has a new baby brother!

El teléfono suena. Rani deja que Abuela conteste. Es el papá de Rani. ¡Rani tiene un nuevo hermanito!

Safety Tip

Talk to your parents about when it's OK to answer the phone and when it's not.

Consejo de seguridad

Habla con tus papás para saber cuándo está bien contestar el teléfono o cuándo no.

Grandma and Rani walk to the hospital to meet Rani's new brother. They walk on the sidewalk. Rani holds Grandma's hand.

Abuela y Rani caminan al hospital para conocer al hermanito nuevo de Rani. Ellas caminan en la acera. Rani va de la mano de Abuela.

Safety Tip

When you go outside your home, go with a friend. Make sure your parents know where you are.

Consejo de seguridad

Cuando salgas fuera de tu casa, ve con un amigo. Asegúrate que tus papás sepan dónde estás.

17

A strange car pulls up by Grandma and Rani. Rani has never seen the car before. She stays on the sidewalk with Grandma.

Safety Tip

If a stranger tries to get you to leave with him or her, yell "No!" as loud as you can and run away. Remember: Say no and go.

Consejo de seguridad

Si un extraño trata de que te vayas con él o ella, grita "¡No!" tan fuerte como puedas y sal corriendo. Recuerda: Di no y vete.

Un automóvil extraño se detiene cerca de Abuela y Rani. Rani nunca ha visto antes ese automóvil. Ella se queda en la acera con Abuela.

19

Rani knows the man in the car. It's Uncle Sal! Rani and Grandma get in. They make a stop at a store to buy a baby gift. Rani stays near Grandma in the store.

Rani conoce al hombre en el automóvil. ¡Es el Tío Sal! Rani y Abuela suben al automóvil. Ellos paran a comprar un regalo para el bebé. Rani se queda cerca de Abuela en la tienda.

Safety Tip

If you ever get lost in a store, ask someone who works there to help you. Then stay with that person until your family member finds you. Never leave the store or go out to the car by yourself.

Consejo de seguridad

Si alguna vez te pierdes en una tienda, pide ayuda a una de las personas que trabaja allí. Luego, quédate con esa persona hasta que un miembro de tu familia te encuentre. Nunca salgas de la tienda ni vayas al auto por tu cuenta.

At the hospital, Rani holds her little brother. She is going to be a good big sister. Now that she knows about stranger safety, she will teach her new brother, Simon, how to be safe, too!

En el hospital, Rani sostiene a su hermanito. Ella será una buena hermana mayor. Ahora que ella aprendió acerca de la seguridad con extraños, ella le enseñará a su hermanito Simón ¡cómo permanecer seguro también!

Internet Sites

FactHound offers a safe, fun way to find Internet sites related to this book. All of the sites on FactHound have been researched by our staff.

Here's all you do:

Visit www.facthound.com

Type in this code: 9781404868847

Index

Super-cool stuff! Check out projects, games and lots more at www.capstonekids.com

Sitios de Internet

FactHound brinda una forma segura y divertida de encontrar sitios de Internet relacionados con este libro. Todos los sitios en FactHound han sido investigados por nuestro personal.

Esto es todo lo que tienes que hacer:

Visita www.facthound.com

Ingresa este código: 9781404868847

Índice

¡Algo súper divertido! Hay proyectos, juegos y mucho más en www.capstonekids.com